DON BOSCO

Agnes Boos

Die 50 besten Spiele zum Gedächtnistraining mit Senioren

DON BOSCO

MiniSpielothek

Gerne nehmen wir Ihre Anregungen,
Wünsche, Kritik oder Fragen entgegen:
Don Bosco Medien GmbH, Sieboldstraße 11, 81669 München
anregungen@donbosco-medien.de
Servicetelefon: 089 / 48008-341

Bibliografische Information der Deutschen Nationalbibliothek

Die Deutsche Nationalbibliothek verzeichnet diese Publikation in der Deutschen Nationalbibliografie; detaillierte bibliografische Daten sind im Internet über http://dnb.d-nb.de abrufbar.

klimaneutral gedruckt
www.klima-druck.de
ID-Nr. 1981326
bvdm.

3. Auflage 2020 / ISBN 978-3-7698-2374-5

www.donbosco-medien.de
Umschlag: Don Bosco Medien GmbH, München
Umschlagfoto: MTomicic/fotolia.de
Layout: Alexandra Paulus
Satz: Don Bosco Medien GmbH, München
Druck: Don Bosco Druck & Design, Ensdorf

Gedruckt auf umweltfreundlichem Papier

Inhalt

Gedächtnis ist das Tagebuch, das wir immer mit uns herumtragen.

Oscar Wilde

Geistig und körperlich aktiv

Denken in Bewegung kann als wichtiges Präventionsprogramm angesehen werden, um möglichst bis ins hohe Alter gesund zu bleiben – dies belegen wissenschaftliche Studien. Was liegt also näher, als kognitives und motorisches Training gezielt und wenn möglich kombiniert als regelmäßiges Fitnessprogramm in den Alltag zu integrieren? Wissenschaftliche Studien belegen: Aktive Menschen zeigen im Vergleich zu inaktiven Personen bei Gedächtnis- und Denkfähigkeitstests auffallend bessere Leistungen.

Zwischen Gehirn und Muskulatur bestehen vielfache Wechselwirkungen. Jede Bewegung aktiviert eine Kaskade von komplexen Hirnleistungen, die jeweils fein aufeinander abgestimmt sein müssen. Bei körperlicher und geistiger Aktivität kommt es im Gehirn zu einer verstärkten Durchblutung, was sich positiv auf die Konzentration und das Reaktionsvermögen auswirkt. Zusätzliche Blutgefäße werden gebildet und die Synapsenqualität wird verbessert. Zudem wird die Neubildung von Nervenzellen im Gehirn gefördert.

Die vielfältigen Einflüsse von Gedächtnis- und Bewegungstraining stärken die Selbstwahrnehmung und führen zur Verbesserung des Wohlbefindens.

Dieses Buch stellt Ihnen eine Vielfalt an Übungsideen vor, mit denen Sie auf unterhaltsame Weise die grauen Zellen und den Körper fit halten. Dazu verbinden viele Übungen kognitives Training mit Bewegung. Einige davon können z.B. während eines Spaziergangs durchgeführt werden. Bei mehreren Übungen wird eine Erinnerungsrunde angeschlossen. Das wichtige Trainingsziel ist hierbei, Informationen bewusst aufzunehmen und zu behalten. Bei anderen Übungen stehen Wahrnehmung und Konzentration im Vordergrund der Trainingsziele. Auch das Langzeitgedächtnis mit seinen Erinnerungen wird durch Training von Wortfindung, Logik oder assoziativem Denken angeregt.
Zu vielen Übungen werden Variationen vorgestellt, die entweder den Schwierigkeitsgrad der Aufgabe steigern oder eine abwechslungsreiche Aufgabenvariante darstellen.
Bei einigen Übungen benötigen Sie zusätzliches Material. Dieses ist bei der jeweiligen Übung beschrieben.

Viel Freude beim Üben!
Agnes Boos

Spiele mit Wörtern und Sätzen

Auf und ab

Diese Wortübung ist besonders geeignet, um den passiven Wortschatz zu trainieren. Begriffe, die lange nicht mehr gebraucht wurden, fallen uns oft nicht so schnell ein. Haben wir sie allerdings wieder mal abgerufen, verläuft der Suchmechanismus beim nächsten Mal schneller. Diese Übung sollte daher nicht zu früh beendet werden.
Mit den folgenden Vorsilben werden möglichst viele Begriffe gesucht:

- AUF- (Aufruhr, Auftrieb, Aufwand ...)
- ÜBER- (Überflieger, Überangebot, Übergewicht ...)
- GEGEN- (Gegenspieler, Gegengewicht, Gegendarstellung ...)
- EIN- (Einfuhr, Eintritt, Einsiedler ...)
- UNTER- (Unterweisung, Unterführung, Unterricht ...)
- NEBEN- (Nebenjob, Nebensache, Nebenbuhler ...)
- BEI- (Beitritt, Beileid, Beifall ...)
- HOCH- (Hochzeit, Hochstapler, Hochstuhl ...)
- VOR- (Vorsehung, Vorstellung, Vorsicht ...)
- ZWISCHEN- (Zwischenspiel, zwischendurch, Zwischenzeit ...)
- AB- (Absicht, Abbau, Absage ...)

Vier im Wechsel

Die Übungsleitung gibt den Teilnehmern ein Wort mit vier Buchstaben vor. Reihum wird das vorgegebene Wort durch Austausch eines der vier Buchstaben immer wieder verändert. Grundlage für das neu zu bildende Wort ist jeweils das letzte veränderte Wort.

Beispiel

H A U S: **U** wird durch **L** ersetzt
H A L S: **S** wird durch **T** ersetzt
H A L T: **H** wird durch **K** ersetzt
K A L T: **A** wird durch **I** ersetzt
K I L T ...

Souvenirs

Die Teilnehmer wählen zunächst je einen Buchstaben aus. Sie überlegen sich zu ihrem Buchstaben ein „Souvenir“, das sie von einer Urlaubsreise mitbringen können.
Alternativ kann die Übung auch nach dem Alphabet durchgeführt werden.

Beispiele

- Ich bringe eine **B**asttasche mit.
- Ich bringe eine **A**rmbanduhr mit.
- Ich bringe eine **V**ase mit.

Variationen

Die Souvenirs werden aus einem bestimmten Land mitgebracht, z. B.:

- Ich bringe einen **B**ikini aus **B**rasilien mit.
- Ich bringe **F**ischsuppe aus **F**rankreich mit.

Die Souvenirs sind für eine bestimmte Person gedacht, z. B.:

- Ich bringe **A**strid einen **A**rmreif mit.
- Ich bringe **T**heodor einen **T**equila mit.

Die Souvenirs werden mit einer Eigenschaft verknüpft, z. B.:

- Ich bringe einen **k**obaltblauen **K**aschmirpullover mit.
- Ich bringe eine **s**chöne **S**tatue mit.

Die Souvenirs werden mit einem ergänzenden Begriff kombiniert, z. B.:

- Ich bringe einen **A**nhänger aus **A**methyst mit.
- Ich bringe eine **H**ängematte aus **H**anf mit.

X-Lücke

Zunächst wird ein vorgegebenes Wort reihum von den Teilnehmern laut buchstabiert.

Beispiel: Haus

- 1. Teilnehmer: H
- 2. Teilnehmer: A
- 3. Teilnehmer: U
- 4. Teilnehmer: S

Nun werden alle Vokale des Wortes durch eine Bewegung ersetzt. Statt der Nennung des Vokals berühren die Teilnehmer mit gekreuzten Händen die Schultern.

Beispiel: Liege

- 1. Teilnehmer: L
- 2. Teilnehmer: Hände gekreuzt an die Schultern
- 3. Teilnehmer: Hände gekreuzt an die Schultern
- 4. Teilnehmer: G
- 5. Teilnehmer: Hände gekreuzt an die Schultern

Variationen

- Die Wörter werden rückwärts buchstabiert. Dann werden die Vokale wieder durch gekreuzte Hände an der Schulter ersetzt.
- Ein Teilnehmer buchstabiert ein Wort, die anderen versuchen es zu erraten. Auch hierbei können die Vokale wieder durch gekreuzte Hände an den Schultern ersetzt werden.

Team-Erklärung

Die Übungsleitung nennt zwei Teilnehmern leise einen Begriff. Das Paar erklärt diesen Begriff den übrigen Teilnehmern in vollständigen Sätzen, wobei jeder der beiden immer nur ein Wort im Wechsel sagen darf. Die anderen Teilnehmer versuchen, den umschriebenen Begriff anhand der Erklärungen zu erraten.
Diese Übung ist nicht einfach, denn jeder muss sich immer wieder auf die Gedanken des anderen einstellen.

Beispiel

Der zu erklärende Begriff heißt GOLDFISCH. Der Dialog könnte wie folgt aussehen:

- A sagt: Im
- B sagt: Wasser
- A sagt: schwimmt
- B sagt: ein
- A sagt: edelmetallfarbener
- B sagt: Flossenträger.

Es geht auch anders

Die Teilnehmer suchen zu den unten genannten Gegenständen neue kreative Nutzungsmöglichkeiten:

- Wäscheklammer
- Brillenetui
- CD-Hülle
- Zahnputzbecher
- Schnürsenkel
- Lippenstift
- Fahrradklingel
- 2-Euro-Münze
- Kochlöffel
- Teesieb

Beispiel

Kreative Nutzungsmöglichkeiten für eine Scheckkarte:

- Türen öffnen
- als Lineal benutzen
- etwas glatt streichen
- als Untersetzer benutzen
- etwas durchschneiden
- ...

Du sagst, ich denke

Diese Assoziationsübung fördert Kreativität und Merkfähigkeit. Reihum nennen die Teilnehmer Substantive, die immer in Bezug zum zuletzt genannten Begriff stehen. Zum besseren Abspeichern ist es wichtig, dass jeweils nur ein Wort genannt wird.
Der erste Teilnehmer in der Runde nennt einen Begriff. Der zweite Teilnehmer nennt dazu eine Assoziation und sagt folgenden Satz: „Wenn du ... sagst, denke ich an ...“ Der folgende Teilnehmer äußert dann zum letztgenannten Begriff seine Assoziation: „Wenn du ... sagst, denke ich an ...“
Nach ein bis zwei Runden erfolgt die Erinnerungsrunde, bei der die genannten Begriffe der Reihe nach in umgekehrter Reihenfolge erinnert werden. Dazu wird vom letzten Teilnehmer folgender Satz gesagt: „Ich habe ... gesagt, weil du ... gesagt hast.“ Der vorletzte Teilnehmer sagt wiederum zu seinem Vorgänger: „Ich habe ... gesagt, weil du ... gesagt hast.“

Beispiel

Hinrunde:

- 1. Teilnehmer gibt den Begriff SCHOKOLADE vor.
- 2. Teilnehmer: „Wenn du SCHOKOLADE sagst, denke ich an TAFEL."
- 3. Teilnehmer: „Wenn du TAFEL sagst, denke ich an SCHULE."
- 4. Teilnehmer: „Wenn du SCHULE sagst, denke ich an AUSFLUG."

Rückrunde:

- 4. Teilnehmer: „Ich habe AUSFLUG gesagt, weil du SCHULE gesagt hast."
- 3. Teilnehmer: „Ich habe SCHULE gesagt, weil du TAFEL gesagt hast."
- 2. Teilnehmer: „Ich habe TAFEL gesagt, weil du SCHOKOLADE gesagt hast."

Das kann doch jeder

Dieses Spiel kann mit einem festgelegten Buchstaben gespielt werden oder nach dem Alphabet.
Zu folgenden Aussagen suchen die Teilnehmer passende Begriffe mit dem jeweiligen Buchstaben.

Beispiel mit dem Buchstaben S

- Das kann man austeilen. (Suppe ...)
- Das kann man verpacken. (Socken ...)
- Das kann man schneiden. (Schokokuchen ...)
- Das kann man verstecken. (Sparbuch ...)
- Das kann man vergrößern. (Schrift ...)
- Das kann man vergessen. (Scheckkarte ...)
- Das kann man trinken. (Schwarztee ...)
- Das kann man opfern. (Sich selbst ...)
- Das kann man verschenken. (Smaragd ...)
- Das kann man vertilgen. (Schweinshaxe ...)
- Das kann man ernten. (Sommergerste ...)
- Das kann man speichern. (Seminarunterlagen ...)
- Das kann man verändern. (Standort ...)
- Das kann man sparen. (Strom ...)
- Das kann man erleben. (Spaß ...)
- Das kann man schützen. (Steilküste ...)

- Das kann man mögen. (Skifahren ...)
- Das kann man herstellen. (Schrauben ...)
- Das kann man vertuschen. (Segelohren ...)
- Das kann man kaufen. (Schrank ...)
- Das kann man zerkleinern. (Salat ...)
- Das kann man einnehmen. (Schmerztablette ...)
- Das kann man packen. (Seesack ...)
- Das kann man verreiben. (Salbe ...)
- Das kann man waschen. (Shorts ...)
- Das kann man wertschätzen. (Souvenirs ...)

Träume verwirklichen

Jeder Teilnehmer wählt selbst einen Buchstaben oder die Begriffe werden nach dem Alphabet gesucht.
Die Gruppe entscheidet sich zunächst für ein „Traumthema“, beispielsweise:

- Traumhaus
- Traummann/Traumfrau
- Traumurlaub
- Traumberuf

Jeder Teilnehmer nennt mit seinem Buchstaben etwas, das zum Traumhaus/Traummann/... assoziiert werden kann.

Beispiel: Traumurlaub

Ein Teilnehmer hat den Buchstaben **K** und sagt: **K**ORALLEN, denn er will auf jeden Fall tauchen.
Der nächste Teilnehmer hat den Buchstaben **S** und sagt: **S**ONNE, denn die ist für ihn unabdingbar.

Wenn alle Teilnehmer ihren Wunsch für den Traumurlaub genannt haben, wird die Erinnerungsrunde an den Traumurlaub durchgeführt. Die Teilnehmer überlegen gemeinsam, welche Wünsche für den Traumurlaub genannt wurden.

Her oder Herz

Die Teilnehmer suchen Begriffe, die durch Ergänzung eines einzigen Buchstabens ein neues Wort ergeben. Der Buchstabe darf an einer beliebigen Stelle ergänzt werden. Kurze Wörter eignen sich für diese Übung besonders gut.

Beispiele

- WAL + D = WALD
- TOR + F = TORF
- SAU + T = STAU
- ESTE + G = GESTE
- GABE + L = GABEL
- LISTE + E = LEISTE
- OST + B = OBST
- ROST + T = TROST
- MODE + R = MORDE
- GARN + E = GAREN
- STELE + L = STELLE
- LEID + K = KLEID

Variation

Ein Teilnehmer nennt ein Wort, zu dem er ein erweitertes Wort weiß. Die anderen Teilnehmer überlegen, welcher Buchstabe ergänzt werden kann, um ein neues Wort zu bilden. Wer errät den richtigen Begriff?

Spiele mit Zahlen

Zahlenanagramme

Die Teilnehmer bilden aus den Zahlwörtern EINS bis ZWÖLF durch Umstellung und Ergänzung von Buchstaben neue Begriffe. Alle Buchstaben des Zahlwortes müssen dabei verwendet werden.

Beispiele

- EINS → Steine, sitzen, nisten
- ZWEI → Weizen, inzwischen, Weichzeichner
- DREI → dirigieren, eindringen, erdreisten
- VIER → verlieren, revidieren, verirren
- FUENF → Fahrprüfung, Frühförderung, auffangen
- SECHS → Stachelschwein, Sauerkirsche, schließen
- SIEBEN → besteigen, Briefgeheimnis, einbestellen
- ACHT → tauschen, schlachten, Tasche
- NEUN → untergehen, umbenennen, ermuntern
- ZEHN → heizen, Zahnschmelz, Einzelhaft
- ELF → Flieder, Löffel, fallen
- ZWOELF → Filzwolle, Wurzelform, Wolfzwinger

Zahlensuche

Die Übungsleitung legt zunächst eine Kategorie fest, zu der Begriffe gesucht werden. Dann nennt ein Teilnehmer eine Zahl. Die anderen Teilnehmer suchen einen Begriff zur genannten Kategorie, der so viele Buchstaben hat wie die genannte Zahl.

Beispiel

Kategorie TIERE, Zahl 8: Die Gruppe sucht ein Tier mit 8 Buchstaben, z. B. DROMEDAR.
Kategorie FLÜSSE, Zahl 5: Die Gruppe sucht einen Fluss mit 5 Buchstaben, z. B. RHEIN.

Variation

Die Buchstabenanzahl kann auch mit zwei Würfeln festgelegt werden.

Material

evtl. zwei Würfel

Verflixte 12

Fünf Würfel liegen bereit. Ein Teilnehmer würfelt mit allen fünf Würfeln. Durch Nutzung der vier Rechenarten Addieren, Subtrahieren, Multiplizieren und Dividieren versucht die Gruppe auf die Zahl 12 zu kommen. Dabei darf die Zahl jedes Würfels nur einmal verwendet werden.

Beispiel

Es liegen folgende Würfelaugen auf dem Tisch:
5, 2, 1, 6, 4.
Eine mögliche Lösung dazu ist: $2 \times 5 + 6 - 4 \times 1 = 12$.

Material

fünf Würfel

Kopf-Nuss

Kopf-Nuss ist eine Rechenrunde, bei der bestimmte Zahlen durch Begriffe ersetzt werden. Es wird reihum laut aufwärts gerechnet. Folgende Runden können nacheinander durchgeführt werden:

Kopf-Runde

Alle Zahlen, die eine 5 enthalten oder durch 5 teilbar sind, werden durch den Begriff „KOPF“ ersetzt.

Beispiel: 1, 2, 3, 4, KOPF, 6, 7, 8, 9, KOPF, 11, 12, 13, 14, KOPF, 16 ...

Nuss-Runde

Alle Zahlen, die eine 7 enthalten oder durch 7 teilbar sind, werden durch den Begriff „NUSS“ ersetzt.

Beispiel: 1, 2, 3, 4, 5, 6, NUSS, 8, 9, 10, 11, 12, 13, NUSS, 15, 16, NUSS, 18 ...

Kopfnuss-Runde

Alle Zahlen, die eine 5 oder 7 enthalten bzw. durch 5 oder 7 teilbar sind, werden durch den Begriff „KOPF“ bzw. „NUSS“ ersetzt. Sollte eine Zahl sowohl eine 5 als auch eine 7 enthalten bzw. durch diese teilbar sein, wird sie durch „KOPFNUSS“ ersetzt.

Beispiel: 1, 2, 3, 4, KOPF, 6, NUSS, 8, 9, KOPF, 11, 12, 13, NUSS, KOPF, 16, NUSS, 18, 19, KOPF, NUSS, 22, 23, 24, KOPF, 26, NUSS, NUSS, 29, KOPF, 31, 32, 33, 34, KOPFNUSS, 36, NUSS, 38 …

14

Fingersport

Beide Hände liegen auf dem Tisch oder auf den Oberschenkeln. Die Finger beider Hände werden nummeriert, beginnend bei dem kleinen Finger der linken Hand.

- Linker kleiner Finger = 1
- Linker Ringfinger = 2
- Linker Mittelfinger = 3
- Linker Zeigefinger = 4
- Linker Daumen = 5
- Rechter Daumen = 6
- Rechter Zeigefinger = 7
- Rechter Mittelfinger = 8
- Rechter Ringfinger = 9
- Rechter kleiner Finger = 10

Die Übungsleitung oder ein Teilnehmer nennt eine Zahl. Alle tippen mit dem entsprechenden Finger mehrmals auf den Tisch oder auf den Oberschenkel.

Variationen

- Es werden zwei Zahlen genannt. Die entsprechenden beiden Finger tippen gleichzeitig.
- Die Hände liegen überkreuzt. Die Zuordnung der Zahlen bleibt.

15

Zahlen in Bewegung

Bewegung bringt unser Gehirn auf Trab. Bewegung verbunden mit einer Denkübung macht nicht nur Spaß, sondern fordert gleichzeitig das Gehirn ordentlich heraus.
Bei dieser Übung werden die Zahlen 0 bis 9 mit folgenden Bewegungen verknüpft:

- 0 = Arme vor dem Körper zu einem Kreis formen
- 1 = rechten Arm heben
- 2 = rechten und linken Arm heben
- 3 = Arme ausstrecken und Hände zu einem Dreieck zusammenführen
- 4 = beide Arme seitlich mit 90° anwinkeln
- 5 = mit linker Handfläche nach außen zeigen
- 6 = Hände verschränken
- 7 = Ellbogen aneinanderlegen
- 8 = Arme verschränken
- 9 = beide Hände an den Nacken legen

Die Übungsleitung oder die Teilnehmer nennen eine Zahl und alle machen die entsprechende Bewegung. Zunächst sollten die Bewegungen von 0 bis 5 geübt werden, damit diese sich gut einprägen. Anschließend können die weiteren Bewegungen ergänzt werden.

Variationen

- Die Teilnehmer machen die passenden Bewegungen zu ihrem Geburtsdatum, die anderen Teilnehmer erraten dieses.
- Die Übungsleitung nennt eine Rechenaufgabe (z. B. 13 – 9). Die Teilnehmer machen die Bewegung zur Lösungszahl (beide Arme seitlich mit 90° anwinkeln).

Rauf und runter

In dieser Rechenrunde addieren die Teilnehmer reihum im Wechsel bei 0 beginnend jeweils 2 und subtrahieren bei 100 beginnend ebenfalls 2 und nennen jeweils das Ergebnis.

Beispiel

- 1. Teilnehmer: 2 und 98
- 2. Teilnehmer: 4 und 96
- 3. Teilnehmer: 6 und 94
- ...

Diese Übung erfordert sehr viel Konzentration. Die beiden Rechenschritte können auch im Wechsel erfolgen und nacheinander von den Teilnehmern genannt werden. Das vereinfacht die Übung etwas:

- 1. Teilnehmer: 2
- 2. Teilnehmer: 98
- 3. Teilnehmer: 4
- ...

Variation

Die Teilnehmer addieren im Wechsel immer 3 und subtrahieren 2.

Beispiel:

- 1. Teilnehmer: 3 und 98
- 2. Teilnehmer: 6 und 96
- 3. Teilnehmer: 9 und 94
- ...

17

Termingerecht

Die Teilnehmer rechnen bei dieser Übung Termine im Kopf aus. Es wird dabei immer von einer festgelegten Uhrzeit ausgegangen, die am Flipchart oder auf einem Zettel aufgeschrieben werden kann.
Die Übungsleitung nennt eine Zeitspanne und fragt dann die Teilnehmer, wann der Termin stattfindet bzw. stattfand.

- Der Termin ist in 49 Minuten.
- Der Termin ist in 2 Stunden und 14 Minuten.
- Der Termin ist in 6 Stunden und 28 Minuten.
- Der Termin ist in 13 Stunden und 54 Minuten.
- Der Termin war vor 56 Minuten.
- Der Termin war vor 3 Stunden und 20 Minuten.
- Der Termin war vor 7 Stunden und 47 Minuten.
- Der Termin war vor 11 Stunden und 4 Minuten.
- Der Termin war vor 14 Stunden und 51 Minuten.

Beispiel

Die Uhr zeigt 9:49 Uhr. Der Termin ist in 13 Minuten. Genaue Uhrzeit des Termins: 10:02 Uhr.

Material

evtl. Flipchart oder Papier und Stift

18

Eins, zwei oder drei

Bei dieser Übung ist es wichtig, dass die Teilnehmerzahl nicht durch drei teilbar ist. Das kann die Übungsleitung gut steuern, indem sie mitmacht oder nicht.
Die Teilnehmer zählen reihum im Wechsel: 1, 2, 3, 1, 2, 3, 1, 2, 3, 1, 2 ...
Nach ein paar Runden wird zunächst die Zahl 1, später zusätzlich die Zahl 3 durch eine vorher festgelegte Bewegung ersetzt.

Beispiel

- 1 = klatschen
- 3 = Hände gekreuzt an die Schultern legen

Variation

Es wird abwärts gezählt: 3, 2, 1, 3, 2, 1, 3, 2, 1, 3 ...
Nach mehreren Durchgängen wird zunächst die Zahl 1, dann auch die Zahl 3 wieder durch die entsprechenden Bewegungen ersetzt.

Rechnen mit dem Euro

Die Übungsleitung nennt einen Eurobetrag. Die Teilnehmer überlegen, welche kleinste mögliche Anzahl von Euro-Geldscheinen und -stücken sie benötigen, um den Betrag zu erhalten.

Beispiele

59,28 €	→	1 x 50 / 1 x 5 / 2 x 2 / 1 x 0,20 / 1 x 0,05 / 1 x 0,02 / 1 x 0,01
816,47 €	→	1 x 500 / 1 x 200 / 1 x 100 / 1 x 10 / 1 x 5 / 1 x 1 / 2 x 0,20 / 1 x 0,05 / 1 x 0,02
1.645,32 €	→	3 x 500 / 1 x 100 / 2 x 20 / 1 x 5 / 1 x 0,20 / 1 x 0,10 / 1 x 0,02

Spiele mit Farben und Formen

Bunte Zusammenhänge

Die Übungsleitung nennt den zweiten Teil eines zusammengesetzten Begriffes, dessen erster Teil ein Farbwort ist. Die Teilnehmer assoziieren die passende Farbe und nennen das vollständige Wort.

Beispiel

Die Übungsleitung sagt REIHER. Ein Teilnehmer assoziiert die passende Farbe und sagt GRAUREIHER.

Mögliche Begriffe

- BLAU: -bart, -zungenkrankheit, -schimmel, -mann
- ROT: -alge, -barsch, -buche, -fuchs
- GELB: -fieber, -filter, -körper, -randkäfer
- GRÜN: -düngung, -donnerstag, -fläche, -schnabel
- WEISS: -bier, -brot, -blech, -dorn
- GRAU: -bündner, -gans, -schleier, -zone
- SCHWARZ: -fahrer, -seher, -wald, -markt

Die Teilnehmer können auch selbst einen neuen Begriff in die Runde werfen.

Farbenfroh

26 Karten in vielen Farben liegen verteilt auf dem Tisch. Die Teilnehmer suchen zu den Buchstaben des Alphabets Begriffe, die sie mit einer der ausliegenden Farbe assoziieren. Dazu wählen sie eine Farbkarte aus und legen sie vor sich auf den Tisch.

Beispiele

- A und ORANGE → Assoziation: **A**bc-Schütze
- B und GELB → Assoziation: **B**anane
- C und GRÜN → Assoziation: **C**hlorophyll

Nach der Assoziationsrunde folgt die Erinnerungsrunde. Die Teilnehmer rufen sich in Erinnerung, welche Begriffe zu den einzelnen Buchstaben des Alphabets genannt wurden. Die Farbkärtchen dienen dabei als Unterstützung.

Variation

Die Teilnehmer wählen zwei Farben aus, zu denen sie einen Begriff assoziieren.

Beispiele:
WEISS und BLAU → Assoziation: Bayern
GRÜN und ROT → Assoziation: Ampel
GELB und BLAU → Assoziation: Schweden

Material

26 Farbkarten

22

Galerie

Die Übungsleitung bereitet Farbkarten vor, die sie offen verteilt auf den Tisch legt. Die Teilnehmer visualisieren gemeinsam ein Bild bzw. Gemälde, auf dem verschiedene Details in unterschiedlichen Farben zu sehen sind. Diese werden reihum von den Teilnehmern genannt. Zusätzlich beschreiben sie deren jeweilige Position auf dem Bild. Hierzu dienen die Farbkarten als Unterstützung.

Beispiele

- Der erste Teilnehmer nimmt die Farbkarte ORANGE und sagt: „Am oberen linken Bildrand sieht man eine orange leuchtende Sonne."
- Der zweite Teilnehmer nimmt die Farbkarte BRAUN und sagt: „In der vorderen Bildmitte steht ein brauner Schuppen."
- Der dritte Teilnehmer nimmt die Farbkarte ROT und sagt: „Rechts vom Schuppen steht ein roter Traktor."

Wenn jeder Teilnehmer einen Gegenstand auf dem Bild beschrieben hat, wird das visualisierte Bild in Erinnerung gerufen. Dazu nennt jeder Teilnehmer ein Detail des Bildes, allerdings nicht das zuvor von ihm genannte.

Tipp

Die Farbkarten können auch an die entsprechende Position des visualisierten Bildes gelegt werden. Das erleichtert es den Teilnehmern, sich an die Einzelheiten des Bildes zu erinnern.

Material

Farbkarten

Alles, was rund ist

Die Übungsleitung bereitet eine Kreisform (z. B. aus Tonpapier oder Moosgummi) vor. Sie zeigt die Kreisform den Teilnehmern, die Dinge mit dieser Form assoziieren.
Es ist wichtig, die Übung nicht zu früh abzubrechen. Das Gehirn benötigt etwas Zeit, um von den Gedanken an alltägliche Gegenstände zu den Dingen zu gelangen, die lange nicht mehr abgerufen wurden und in tieferen Gehirnregionen „schlummern".

Mögliche Assoziationen

Adventskranz, Armreif, Basketballkorb, Beule, Bullauge, CD, Christbaumkugel, Diskusscheibe, Eierbecher, Flötenloch, Frisbee, Globus, Handschellen, Käselöcher, Kanaldeckel, Knopf, Kreisverkehr, Monokel, Münze, Orange, Pizza, Praline, Reifen, Seifenblasen, Trampolin, Ufo, Vollmond, Vulkankrater, Whirlpool, Zirkuszelt

Material

Kreisform

Alles, was dreieckig ist

Die Übungsleitung bereitet eine Dreieckform (z. B. aus Tonpapier oder Moosgummi) vor.
Sie zeigt die Form den Teilnehmern, die Dinge mit dieser Form assoziieren.

Mögliche Assoziationen

Gipfel, Hut, Pyramide, Schaber, Trichter, Schweizer Schokolade, Tortenstück, Traubenzucker, Triangel, Unkrauthacke, Verbandstuch, Verkehrsschild, Zelt

Material

Dreieckform

25

Alles, was rechteckig ist

Die Übungsleitung bereitet eine Rechteckform (z.B. aus Tonpapier oder Moosgummi) vor. Sie zeigt die Form den Teilnehmern, die Dinge mit dieser Form assoziieren.

Es ist sinnvoll, die Übung nicht zu früh abzubrechen. Das Gehirn benötigt etwas Zeit, um von den Gedanken an alltägliche Gegenstände zu den Wörtern zu gelangen, die lange nicht mehr abgerufen wurden und in tieferen Gehirnarealen „schlummern".

Mögliche Assoziationen

Aufzug, Bild, Briefumschlag, Computer, Duschwanne, Fernseher, Fliese, Foto, Garage, Herd, Karton, Landkarte, Leinwand, Schornstein, Schublade, Schwimmbad, Spielbrett, Tablett, Teppich, Tischplatte, Türschild

Material

Rechteckform

Verstecktes Rot

Die Teilnehmer suchen Begriffe, in denen das Wort ROT versteckt ist. Auch bei dieser Übung ist es wichtig, den Teilnehmern Zeit zu lassen. Viele Begriffe „schleichen“ sich erst nach längerem Nachdenken ein.

Mögliche Begriffe

Brot, Erotik, Frottee, frotzeln, grotesk, Grotte, Karotin, Karotte, Neurotiker, Neurotransmitter, protegieren, Protest, Prothese, Protokoll, Proton, Prototyp, protzen, Pyrotechnik, Rotarier, rotieren, Rottach, Rotznase, Schmarotzer, Schrot, Schrott, Skrotum, Tarot, Trott, Trottel, Trotz, verrotten

Auf Kreuzfahrt

Die Übungsleitung bereitet Farbkarten und Karten mit Dreiecken, Rechtecken und Kreisformen darauf vor. Die Teilnehmer begeben sich in Gedanken auf eine Kreuzfahrt. Sie ziehen reihum eine Form- oder Farbkarte und nennen entsprechend ihrer Karte etwas, das sie auf dem Kreuzfahrtschiff genießen.

Beispiel

- Farbkarte BLAU: „Ich fahre mit dem Kreuzfahrtschiff, weil ich das blaue Meer genieße."
- Formkarte RUND: „Ich fahre mit dem Kreuzfahrtschiff, weil es dort einen großen Swimmingpool gibt."
- Farbkarte GRÜN: „Ich fahre mit dem Kreuzfahrtschiff, weil es dort leckere Cocktails gibt."

Wenn jeder aus der Runde eine Karte gezogen und eine Assoziation geäußert hat, erfolgt die Erinnerungsrunde. Was gibt es auf dem Kreuzfahrtschiff? Die gezogenen Karten können dazu als Unterstützung gezeigt werden.

Material

Farbkarten, Karten mit Kreis-, Rechteck- und Dreieckformen

28

Kunterbunte Suche

Die Übungsleitung bereitet Farbkarten und Karten mit je einem Kreis, Rechteck und einem Dreieck darauf vor. Die Karten liegen aufgedeckt auf dem Tisch. Das Spiel wird reihum gespielt. Ein Teilnehmer zeigt auf eine Farbkarte und eine Formkarte, mit denen er in Kombination einen Gegenstand assoziiert. Die anderen Teilnehmer versuchen, den Gegenstand zu erraten. Dazu stellen sie Fragen, die nur mit „ja“ oder „nein“ beantwortet werden dürfen.

Beispiel

Teilnehmer A zeigt auf die Formkarte RECHTECK und die Farbkarte BRAUN. Er assoziiert SCHULBANK.
Die anderen Teilnehmer stellen nun gezielte Fragen zu dem Gegenstand, z. B.:

- „Befindet sich der Gegenstand im Haus?“ – „Ja!“
- „Hat jeder diesen Gegenstand zuhause?“ – „Nein!“

Material

Farbkarten, Karten mit Kreis-, Rechteck- und Dreieckformen

Eins oder zwei

Reihum nennt jeder Teilnehmer beliebig entweder die Zahl 1 oder 2. Die genannten Zahlen werden von allen Teilnehmern im Kopf addiert. Am Ende der Runde wird das Rechenergebnis verglichen.

Die Übung erfordert sehr viel Konzentration, insbesondere dann, wenn man an der Reihe ist. In diesem Moment muss das Gehirn zwei Dinge gleichzeitig erledigen: eine Zahl nennen und das Rechenergebnis im Kopf behalten.

Hinweis

Es ist wichtig, dass die Teilnehmer langsam nacheinander ihre Zahl nennen, damit jeder Zeit zum Rechnen hat. Ein Ball, der gleichzeitig weitergegeben wird, kann verhindern, dass die Teilnehmer immer schneller werden.

Beispiel

A sagt 2, B sagt 2, C sagt 1, D sagt 2, E sagt 1, F sagt 1, G sagt 2 → Ergebnis = 11

Variation

Die Ausgangszahl ist 100. Jede genannte Zahl wird subtrahiert.

Beispiel:
A sagt 1, B sagt 2, C sagt 2, D sagt 1, E sagt 2, F sagt 2, G sagt 1 → Ergebnis = 89

30

Spiele für die Sinne

Sinnes-Abc

Die Teilnehmer suchen Assoziationen zu den Wahrnehmungen HÖREN, RIECHEN, SEHEN, FÜHLEN, SCHMECKEN.
Die Übung wird reihum zu allen Buchstaben des Alphabets durchgeführt, wobei die Wahrnehmungen immer der Reihe nach durchwechseln. Das fördert die Denkflexibilität durch schnelles Umdenken.

Beispiel

- A = Ich höre ein Auto.
- B = Ich rieche eine Buche.
- C = Ich sehe ein Chamäleon.
- D = Ich fühle Dornen.
- E = Ich schmecke Erdbeeren.
- F = Ich höre ein Flugzeug.
- G = Ich rieche einen Grill.
- H = ...

Liederstimmen

Viele Lieder sind im Langzeitgedächtnis gut abgespeichert. Oftmals fällt es uns allerdings schwer, uns an die passenden Titel zu erinnern. Das ist das Ziel dieser Übung. Ein Teilnehmer summt ein Lied, die anderen sollen es erraten. Dann summt der nächste Teilnehmer ein Lied.

Variationen

- Suchen Sie Lieder zu allen Buchstaben des Alphabets, z. B.: **A**m Brunnen vor dem Tore, **B**unt sind schon die Wälder ...
- Es werden nur die ersten drei Noten laut gesummt. Die Teilnehmer versuchen, sich an ein passendes Lied zu erinnern.
- Es wird eine kurze Sequenz aus dem Lied gesungen, allerdings nicht der Anfang, z. B.: „... die hatten einen Streit.“ Um welches Lied handelt es sich? Die Lösung ist: Der Kuckuck und der Esel.

Berührt

Die Teilnehmer teilen sich in Zweierteams auf. Sie stehen oder sitzen sich gegenüber.
Einer schließt die Augen und hält dem anderen seine Handflächen entgegen. Der andere tippt unterschiedlich oft auf die Handflächen des Partners. Dieser rät, wie oft auf seine Handflächen getippt wurde.

Variationen

- Ein Teilnehmer muss die Buchstaben oder Zahlen erraten, die der andere ihm auf den Rücken malt.
- Zwei Teilnehmer sitzen sich gegenüber und legen ihre Hände locker gegeneinander. Ein Teilnehmer hat die Augen geschlossen. Der andere Teilnehmer drückt nun leicht mit einem Finger gegen den Finger des anderen. Dieser benennt den Finger, der den Druck erfahren hat. Diese Übung kann auch erschwert werden, indem zwei oder drei Finger gleichzeitig gedrückt werden.

Tastsäckchen mit Münzen

Die Übungsleitung bereitet ein Säckchen mit verschiedenen Euro-Münzen vor, beispielsweise mit 2 Euro, 50 Cent, 20 Cent, 2 Cent und 1 Cent. Die Teilnehmer greifen mit geschlossenen Augen in das Säckchen und versuchen, die Geldstücke zu ertasten und ihren Wert zu erkennen. Dann addieren sie die Summe. Wer liegt richtig?
Im Anschluss an die Übung empfiehlt es sich, sich über die Münzen und ihre unterschiedlichen Prägungen auszutauschen.

Tipp

Besonders lustig ist es, wenn zunächst von allen Teilnehmern der ertastete Wert aufgeschrieben und anschließend untereinander verglichen wird. Erst dann wird das richtige Ergebnis verraten. Oft werden dabei viele unterschiedliche Summen genannt.

Material

Tastsäckchen mit verschiedenen Euro-Münzen

Blätterwald

Auf dem Tisch liegen Blätter verschiedener Laubbäume. Die Teilnehmer erhalten einen Zettel mit den Namen der Bäume. Sie ordnen die Blätter den richtigen Bäumen zu.
Einige Bäume tragen auch Früchte. Die Teilnehmer überlegen gemeinsam, welcher Baum welche Früchte trägt (Eicheln, Nüsse, Bucheckern, Kastanien ...).

Tipp

Die Übung kann auch während eines Spaziergangs durchgeführt werden. Dazu bekommen jeweils zwei Teilnehmer ein Säckchen mit Baumfrüchten oder Blättern. Aufgabe der Teilnehmer ist es, die passenden Bäume zu finden und „als Beweis“ jeweils ein Blatt davon zu sammeln.

Material

Blätter oder Früchte verschiedener Bäume, Zettel mit Namen der Bäume

Pi mal Daumen

Es ist erstaunlich, wie schwer es oft fällt, alltägliche Dinge richtig einzuschätzen. Um die Wahrnehmung auf (Alltags-)Gegenstände zu richten, empfiehlt es sich, diese Dinge öfter mal genau zu betrachten.
Mit der nachfolgenden Übung kann überprüft werden, ob man mit den Einschätzungen zu Größe, Gewicht, Höhe und Form richtig liegt. Die Teilnehmer sollen die Angaben dabei aus der Erinnerung machen. Die Gegenstände werden vorher nicht betrachtet. Dann überprüfen alle die Einschätzung mit dem vorhandenen Gegenstand.

Aufgaben zur Größe

Die Teilnehmer zeichnen die Umrisse verschiedener Alltagsgegenstände:

- Scheckkarte und 10-Euro-Schein
- 1-Euro-Münze und 10-Cent-Münze
- Paket Papiertaschentücher und Briefumschlag

Nach dem Zeichnen werden die Umrisse mit den Gegenständen verglichen.

Aufgaben zum Gewicht

Die Teilnehmer schätzen das Gewicht verschiedener Gegenstände:

- Apfel und Kirsche
- Walnuss und Haselnuss
- Tennisball und Murmel

Anschließend werden die Gegenstände gewogen und mit den Schätzungen verglichen.

Aufgaben zur Höhe

Die Übungsleitung recherchiert im Vorfeld die Höhe folgender bekannter Gebäude. Die Teilnehmer schätzen die Höhe der Gebäude und vergleichen sie dann mit den Angaben der Übungsleitung.

- Brandenburger Tor
- Eiffelturm
- Schiefer Turm von Pisa
- Christusstatue in Rio de Janeiro
- Big Ben

Aufgaben zur Form

Je zwei Teilnehmer beschreiben sich gegenseitig ihre Uhr (alternativ: Handy oder Portemonnaie). Welche Ziffern hat sie, welche Farbe hat das Ziffernblatt, hat sie eine Datumsanzeige, ist sie rund oder eckig ...?

Material

Scheckkarte, verschiedene Münzen und Geldscheine, Packung Papiertaschentücher, Briefumschlag, Apfel, Kirsche, Walnuss, Haselnuss, Tennisball, Murmel, Waage, Infos zu Höhen verschiedener Gebäude

Wimmelbild

Legen sie den Teilnehmern ein Wimmelbild oder ein Plakat mit vielen Details vor. Gemeinsam werden Details auf dem Bild gesucht. Hierzu kann reihum jeder etwas benennen, das er sieht, die anderen suchen den genannten Gegenstand auf dem Bild. Dabei müssen die Teilnehmer sehr genau hinsehen.
Anschließend kann die Übungsleitung Fragen zu den Details des Bildes stellen, z. B.: Wo befindet sich ...? Welche Farbe hat ...?

Variation

Die Gruppe sucht Gegenstände nach verschiedenen Vorgaben:

- zu allen Buchstaben des Alphabets
- nur Begriffe mit der Silbe „ei“
- Begriffe mit einem Doppelkonsonanten/-vokal
- ...

Material

Wimmelbild oder Plakat

Was hör ich da?

Geräusche sind oft schwer zu beschreiben. Mit verschiedenen Gegenständen macht die Übungsleitung Geräusche, die die Teilnehmer benennen sollen, wie rascheln, klimpern, klacken, klingen, quietschen.

Variation 1

Die Teilnehmer sammeln Geräusche, die im Alltag zu hören sind, z. B.: schlagen, piepen, donnern, rascheln, dröhnen, ticken, brummen, klappern, surren, schleifen, gluckern, knallen, pfeifen, zischen.

Variation 2

Die Teilnehmer überlegen, wie die Laute der folgenden Tiere bezeichnet werden:
Auerhahn (trillern), Biene (summen), Elefant (trompeten), Ente (schnattern), Frosch (quaken), Gans (schnattern), Heuschrecke (zirpen), Hirsch (röhren), Huhn (gackern), Hund (winseln, bellen), Katze (fauchen, schnurren), Krähe (krächzen), Löwe (brüllen), Maus (fiepen), Pferd (wiehern), Rind (muhen), Schaf

(blöken), Schnepfe (quorren), Schwein (grunzen), Seehund (heulen), Storch (klappern), Taube (gurren), Vögel (zwitschern, tirilieren), Wal (singen), Wolf (heulen), Ziege (meckern)

Material

Gegenstände für Geräusche wie Butterbrotpapier, Geld, Löffel, Glocke, Luftballon, Feile ...

Punktgenau

Die Teilnehmer gehen auf Kommando der Übungsleitung langsam los und schätzen dabei die Zeit von einer Minute ab. Nach der geschätzten Minute bleiben sie stehen.
Die Übungsleitung beobachtet die Teilnehmer und gibt ihnen Rückmeldungen zur geschätzten Zeit, z. B.: circa 15 Sekunden zu lang.
Erfahrungsgemäß liegt zwischen den einzelnen Einschätzungen mindestens eine halbe Minute.

Variation

Diese Übung kann auch am Platz gemacht werden. Alle Teilnehmer stehen zunächst. Wer glaubt, dass die Minute vorbei ist, setzt sich hin.

Material

Stoppuhr oder Uhr mit Sekundenzeiger

Hör-Memospiel

Für dieses Spiel werden zehn kleine, undurchsichtige Dosen benötigt (z. B. Filmdosen). Die Übungsleitung füllt je zwei Dosen mit dem gleichen Material (z. B. Reis, Schrauben, Heftklammern, Kaffeebohnen, Murmeln). Zudem nummeriert sie die Dosen an der Unterseite, wobei die Dosen mit dem gleichen Füllmaterial dieselbe Nummer bekommen. Die Nummern werden benötigt, damit die Übungsleitung Tipps geben bzw. die Lösung, ohne die Dosen zu öffnen, überprüfen kann.

Die Übungsleitung verteilt nun die Dosen an die Teilnehmer und fordert diese auf, nacheinander zwei Dosen zu schütteln. Die Teilnehmer sollen durch Schütteln herausbekommen, welche beiden Dosen den gleichen Inhalt haben. Wer findet das erste Paar?

Material

10 kleine, undurchsichtige Dosen (z. B. Filmdosen), Füllmaterial wie Reis, Schrauben, Heftklammern, Kaffeebohnen, Murmeln

Spiele für bewegtes Gedächtnistraining

Schau genau

Während eines Spaziergangs oder einer Wanderung können wir mit verschiedenen Übungen unsere Wahrnehmung gezielt auf Dinge in der Natur richten.
Dazu eignet sich folgende Wortübung: Von den Teilnehmern wird im Wechsel ein beliebiger Buchstabe genannt. Die anderen Teilnehmer suchen mit diesem Buchstaben Dinge, die sie in der Umgebung entdecken können.

Beispiele

A: Amsel, Ast, Ahorn ...
T: Tannenzapfen, Tulpe ...
Z: Zitronenfalter, Zweig ...

Hinweis

Die Spiele dieses Kapitels lassen sich besonders gut in Bewegung – z. B. bei einem Spaziergang – spielen.

Wortkette

Die Teilnehmer bilden im Wechsel eine Wortkette. Dazu startet ein Teilnehmer mit einem beliebigen Wort (Substantiv). Der nächste sucht ein neues Wort, das mit dem letzten Buchstaben des vorher genannten Wortes beginnt. Die Teilnehmer sollten dabei versuchen, möglichst viele Buchstaben des Alphabets als End-/Anfangsbuchstaben zu verwenden.

Beispiel

BRÜCK**E** – **E**LEFAN**T** – **T**RAU**M** – **M**ODE ...

Variation 1

Die Begriffe müssen einsilbig sein. Diese Variante ist einfacher, wenn alle Wortarten zugelassen sind.

Beispiel: BRO**T** – **T**O**R** – **R**AH**M** – **M**AU**S** – **S**O ...

Variation 2

Das folgende Wort muss immer mit den letzten beiden Buchstaben des vorher genannten Wortes beginnen. Da es Buchstabenkombinationen am Ende eines Wortes gibt, die als Anfangsbuchstaben kein neues Wort ermöglichen, gilt folgende Regel: Endet ein Wort mit zwei Konsonanten, die nicht als Anfang eines neuen Wortes passen, wird ein Vokal eingesetzt. Endet ein Wort mit zwei Vokalen, die nicht als Anfang eines neuen Wortes passen, wird ein Konsonant eingesetzt.

Beispiele:
ZE**LT** – (Einfügen eines Vokals) – **LIT**ER
S**EE** – (Einfügen eines Konsonanten) – **ESE**L

Anton und Agathe

Zu allen Buchstaben des Alphabets wird von den Teilnehmern im Wechsel ein beliebiger Vorname genannt. Zu diesen Vornamen suchen die anderen Teilnehmer dann die Nachnamen berühmter Personen.

Beispiel

ANTON ... Bruckner (Komponist)
BERTHA ... von Suttner (Pazifistin, Schriftstellerin)
CHRISTIAN ... Barnard (Herzchirurg)

Variation

Oft ist es gar nicht so einfach, zu einem berühmten Nachnamen den dazugehörigen Vornamen zu finden. Daher kann diese Übung auch umgekehrt durchgeführt werden. Hierzu nennt die Übungsleitung den Nachnamen einer berühmten Person und die Teilnehmer suchen den passenden Vornamen.

Beispiele:

- KIESINGER (dt. Kanzler) ... Kurt Georg
- VON WEITERSHAUSEN (Schauspielerin) ... Gila
- BÖLL (Schriftsteller) ... Heinrich

Bei dieser Übung werden viele Erinnerungen geweckt. In der Runde können weitere Einzelheiten zu den Personen gesammelt werden.

Was macht Hans?

Ein Teilnehmer nennt einen beliebigen Vornamen, z. B. HANS. Die Gruppe bildet nun einen Satz, bei dem die einzelnen Buchstaben des Namens als Anfänge der Wörter dienen. Die Teilnehmer nennen im Wechsel immer nur ein Wort. Hierbei ist Kreativität gefragt, denn jeder muss sich immer schnell auf das von den anderen zuvor Genannte einstellen.

Beispiel: HANS

- 1. Teilnehmer: HANS
- 2. Teilnehmer: ANGELT
- 3. Teilnehmer: NEUERDINGS
- 1. Teilnehmer: SCHLEIEN.

Variation

Die Sätze, die zu den verschiedenen Namen gebildet werden, sollen zu einem Themenfeld passen oder eine Geschichte ergeben.

Beispiel: Fortsetzung des ersten Satzes:

KLAUS

- 2. Teilnehmer: KLAUS
- 3. Teilnehmer: LIEBT
- 1. Teilnehmer: AUSTERN
- 2. Teilnehmer: UND
- 3. Teilnehmer: SCHNECKEN.

ROSI

- 1. Teilnehmer: ROSI
- 2. Teilnehmer: ORGANISIERT
- 3. Teilnehmer: SCHÖNE
- 1. Teilnehmer: INSELTOUREN.

Verflixte Wortfolge

Mit dieser Übung wird die Merkfähigkeit trainiert. Ein Teilnehmer nennt mehrere Begriffe. Die anderen Teilnehmer wiederholen die Begriffe in der richtigen Reihenfolge.
Zunächst wird mit drei Begriffen begonnen. Nach ein bis zwei Runden, in denen jeder einmal an der Reihe war, wird die Anzahl der Begriffe immer weiter gesteigert. An wie viele Begriffe können sich die Teilnehmer erinnern?

Variationen

- Die genannten Wörter werden in der umgekehrten Reihenfolge wiederholt. Drei bis vier Begriffe lassen sich so noch relativ leicht wiederholen. Ab fünf Begriffen wird es schon eine Herausforderung für die Teilnehmer.
- Die genannten Wörter werden in alphabetischer Reihenfolge wiederholt. Werden beispielsweise die Begriffe MEER, COUCH, GABEL, SCHLAFSACK und RICHTER genannt, müssten die Begriffe in folgender Reihenfolge wiederholt werden: Couch, Gabel, Meer, Richter, Schlafsack.

Was ist alles ...?

Die Teilnehmer nennen im Wechsel beliebige Adjektive. Die anderen Teilnehmer assoziieren dazu Dinge, die draußen zu sehen sind bzw. in der Natur vorkommen.

Beispiele

- klein: Maus ...
- rot: Blumen ...
- groß: Sportplatz ...
- schwer: Traktor ...
- hoch: Baumkrone ...

Variation

Zu den Adjektiven werden Begriffe gesucht, die mit demselben Anfangsbuchstaben beginnen.
Beispiele:

- klein: Kastanie
- rot: Rothirsch
- groß: Granitfelsen
- schwer: Stein
- hoch: Hecke

Böser Wolf

Die Teilnehmer nennen Dinge, die sie auf einem Spaziergang antreffen können. In den genannten Wörtern dürfen allerdings alle vier Buchstaben des Wortes WOLF nicht vorkommen.

Bei diesem Spiel sind Konzentration und Denkflexibilität gefragt, denn oft wird ein verbotener Buchstabe „übersehen".

Beispiel

- HUND, BAER, NACHBAR: richtig
- **FO**ERSTER: falsch (enthält ein F und ein O)

Variationen

- Es werden Blumen gesucht ohne die Buchstaben von **ROSE**.
- Es werden Körperteile gesucht ohne die Buchstaben von **OHR**.
- Es werden Städte gesucht ohne die Buchstaben von **PRAG**.

Abc-Spiel

Die Teilnehmer suchen zu verschiedenen Kategorien (Pflanzen, Tiere, Berufe, Städte, Länder, berühmte Personen, Flüsse, Namen ...) passende Begriffe nach dem Alphabet.
Die Übung fördert den passiven Wortspeicher, denn es werden Wörter abgerufen, die möglicherweise schon lange nicht mehr „benutzt“ wurden. Die synaptischen Kontakte werden durch das Abrufen wieder gestärkt. Daher ist es sinnvoll, sich immer wieder neue Kategorien auszudenken, um möglichst viele Begriffe des passiven Wortspeichers zu aktivieren.

Variation

Die Begriffsuche wird eingeschränkt:
- einsilbig, zweisilbig oder dreisilbig
- mit Doppelkonsonanten
- mit festgelegten Vokalen

Wie und was

Bei dieser Assoziationskette werden Substantive und Adjektive bzw. Substantive und Verben im Wechsel assoziiert.

Beispiel: Substantiv – Adjektiv

Haus → groß → Riese → unheimlich → Höhle ...

Beispiel: Substantiv – Verb

Mittag → kochen → Stahl → schmelzen → Eis ...

Variation

Beide Übungen können auch kombiniert werden. Hierzu werden Begriffe in folgendem Wechsel gesucht: Substantiv – Adjektiv – Substantiv – Verb – Substantiv – Adjektiv – Substantiv – Verb ...
Das Wechseln zwischen zwei Aufgaben ist ein besonderes Training der Denkflexibilität und erfordert zudem eine hohe Konzentration.

Abc-Geschichte

Bei dieser Kreativitätsübung erzählen die Teilnehmer gemeinsam eine Geschichte. Dazu nennt jeder nacheinander immer nur ein Wort. Die Wortanfänge sind in der Reihenfolge des Alphabets festgelegt.

Beispiel

Anna **b**ewundert **C**hristrosen, **d**ie **E**va **f**roh **g**elaunt **h**eute **i**ns **J**agdschloss **k**ommen **l**ässt. **M**ag **N**orbert **O**pas **p**hantastische **q**uietschgelbe **R**osenzucht? **S**o-eben **t**änzelt **u**nser **v**ornehmer **W**erner **x**-beinig **y**ogaübend **z**wischendrein.

Don Bosco MiniSpielothek
Klein, fein, alles drin

ISBN 978-3-7698-2466-7

ISBN 978-3-7698-2465-0

ISBN 978-3-7698-2449-0

ISBN 978-3-7698-2450-6

ISBN 978-3-7698-2397-4

ISBN 978-3-7698-2398-1

ISBN 978-3-7698-2399-8

ISBN 978-3-7698-2400-1

ISBN 978-3-7698-2374-5